THE
SALON
NAIL

木下美穂里 著

女性モード社

Let you love nail

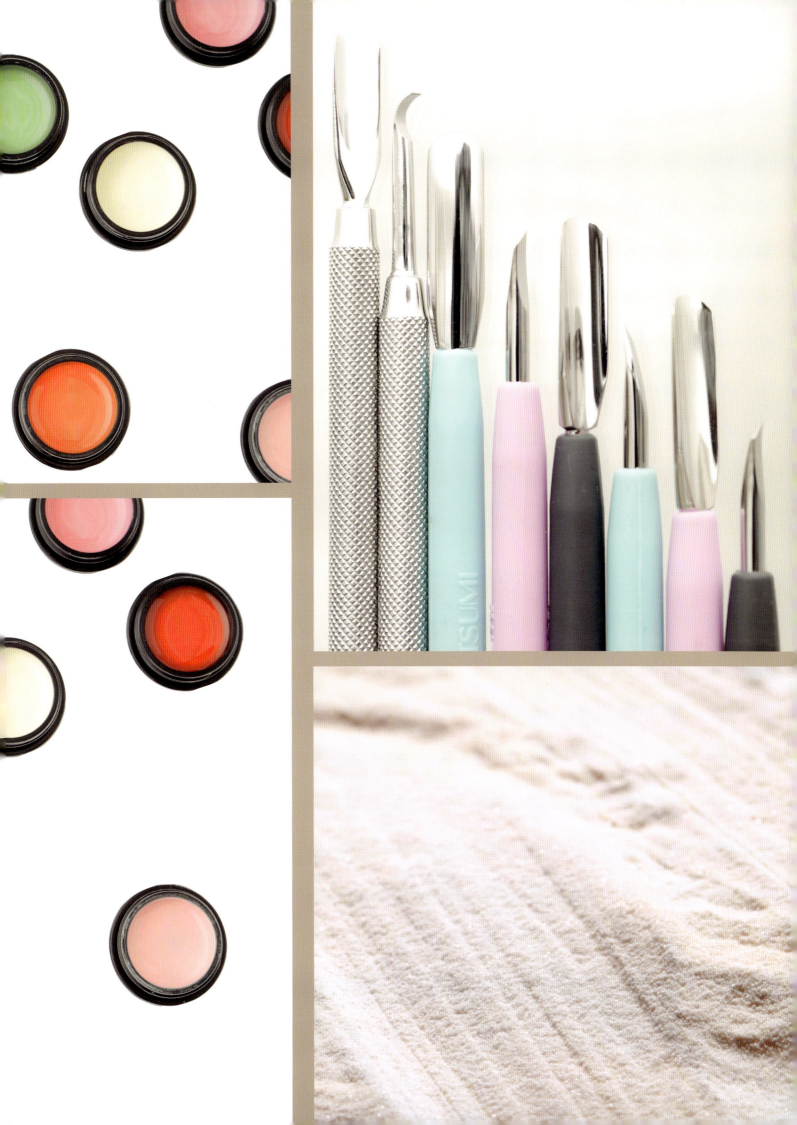

はじめに

　今や男女問わず、ネイルの必要性を単なるおしゃれだけではなく、マナーとしての認識も広がりつつあります。しかし、現実は、まだわずか20％程度の方しかプロのネイル施術を体験されておらず、毎月必ずサロンに通う人は10％に満たないといいます。もっと多くの方にネイルはプロにしてもらうもの、という感覚をもっていただくためにはどうしたらいいのでしょうか？

　その答えのひとつが、我々が本物のプロになること。本物のプロとは？さまざまな観点からプロの定義づけは考えられます。接客力、会話力、技術力、施術の心地よさはもちろんです。ネイルはお客さまの生活と共にその指先で、日々成長していく爪に施していく施術です。ですから、仕上がりの美しさと共に、時間がたっても美しくいられるかどうかの「持ち」が強く要求される技術でもあります。

　また、プロのネイリストとして、爪のダメージ、爪の特徴、またライフスタイルに合わせたネイルの楽しみ方など、さまざまな点から最もお客さまに合ったネイルメニューを提案すること。これが「ネイルはプロでなければ！！」と認めていただくために必要なことでもあります。

　ネイルはどんな美容の技術より、お客さまが直接目視します。自分の目前にあるネイルが完成度の低いものであれば、お客さまは日々ストレスを感じてしまいます。また、指先は繊細な感覚器を持ち合わせている部分でもあります。仕上がりの上質さや、心地の良さ、お客さまが満足するネイルを提供できれば、喜んで毎月サロンに通っていただけるはずです。

　ネイルの仕事がしたい、技術を身につけたい、お客さまに喜んでいただきたい、、、ならば「本物のプロ」を目指しましょう！プロとしてお客さまに選ばれ、お客さまの時間をいただくのですから、ご要望に100％以上応えていきましょう。そして常に、お客さまがワクワクする提案をし続けていきましょう。技術だけではなく、時にお客さまに必要な知識を提供し、トラブルを解消するためのお手伝いをしていきましょう。

　私は技術者であると同時に、メイクアップとネイルのスクールを師匠である木下ユミから2代目として受け継ぎ、通算1万3000人を超すプロのアーティストを輩出するアトリエとサロンを運営しています。そんな経験から、本書ではネイルのプロフェッショナルを目指す方々に向けて、サロンネイルに必須のポイントをお伝えしていきます。お客さまにネイルを長く楽しんでもらうための塗り方や提案の仕方のほか、提案力を上げるカウンセリングの方法、デザイン力を高めるためのテクニックなど、工程を事細かに追うのではなく、重要なポイントをおさえています。『THE SALON NAIL』からお客さまに支持されるための「気付き」やヒントを得ていただければ幸いです。

　末筆ながら、本書では「本物の美しさ」を表現したく、ご縁により中扉には伝説のスーパーモデル・我妻マリさんにご登場いただきました。

　ネイルの素晴らしさをより多くの方に、末永く楽しんでいただくために。

　ネイルを愛するすべての皆さまへ・・・

木下美穂里

CONTENTS

7 はじめに

10 NAILCARE
ネイルケア

12 COLUMN 01
コラム

14 Tools
用具・用材

15 お客さまをお迎えする前に

16 Table set
テーブルセット

17 Karte・Skin disinfection
カルテ記入・手指消毒

18 Polish off
ポリッシュオフ

20 Gel off
ジェルオフ

22 Counseling
カウンセリング

24 The name of each part
ネイルのパーツと名称

26 Repair
リペア

28 Filing
ファイリング

34 Clean up
クリーンアップ

40 Sculptured nail
スカルプチュアネイル

42 FINISHED WORK
フィニッシュワーク

44 COLUMN 02
コラム

46 Tools
用具・用材

47 Coloring / Super polish
カラーリング／スーパーポリッシュ

48 Coloring / Polish
カラーリング／ポリッシュ

54 Coloring / Gel
カラーリング／ジェル

56 No color
カラーリングなし

58 Hand spa
ハンドスパ

62 NAIL ART
ネイルアート

64 COLUMN 03
コラム

66 Tools
用具・用材

67 Skin colors & Stones・Seals
スキンカラー&ストーン・シール

68 Skin colors & Texture
スキンカラーとネイルの質感

70 Stones & Parts
ストーンとパーツの種類

74 How to put stones
ストーンの置き方

76 Combination of stones
ストーンの組み合わせ

78 Seals
シールの種類

82 Color list of Crystal stone
クリスタルストーンのカラー表

83 Salon design
サロンデザイン

84 French
フレンチ

86 Reverse french
逆フレンチ

88 Multi color
マルチカラー

90 Blocking
ブロッキング

92 Marble
マーブル

94 Gradation
グラデーション

96 CREATION
クリエイション

98 COLUMN 04
コラム

100 Luxe
リュクス

104 Glamour
グラムール

108 Masculine
マスキュリン

112 Girly
ガーリー

116 Inspire
インスパイア

120 Speciality
スペシャリティ

NAIL CARE

ネイルケア

ネイル技術のベース、すべての技術の基本テクニックが
「ネイルケア」に集約されています。
ワークフローに沿ってポイントをしっかりおさえましょう。

index
コラム—12, 用具・用材—14, お客さまをお迎えする前に—15, テーブルセット—16, カルテ記入・手指消毒—17, ポリッシュオフ—18, ジェルオフ—20, カウンセリング—22, リペア—26, ファイリング—28, クリーンアップ—34, スカルプチュアネイル—40

NAIL

LOVE

COLUMN 01

　ネイルの美しさは、何よりもナチュラルネイルが健やかで美しいことです。

　ネイルケアを行なわず、表面だけを装い、その場限りの体裁を整えても、美しいネイルは育てられません。サロンワークにおいてネイルケアは「美しいお爪づくり」のための必須施術です。

　爪は1か月で約3〜5ミリ伸びるといわれています。爪そのものは核のない細胞ですから、呼吸をしていなければ、経皮吸収も行なわれません。その根元にあるネイルマトリクス（爪母）からネイルはつくられていきます。爪の生育に必要とされる栄養がマトリクスに行き渡らなければ、例えば血流が悪かったり、栄養バランスが悪かったりすると、爪そのものに悪い影響が出ます。また、乾燥や加齢によるダメージのほか、生活習慣などからネイルプレートやネイルマトリクスへ外的要因で力が加わり変形するなど、さまざまなダメージがあります。

　ダメージは正しいネイルケアを行なうことによって改善でき、爪は美しく成長していきます。
　施術前のカウンセリングでネイルの状態を確認します。そのうえで、お客さまが希望する施術の可否や、ダメージのケア方法の選択を、ネイルの成長や内外からのストレスを考えながら、どんな技術ならばダメージを改善していけるかを判断して施術しなければいけません。

　お客さまに今、最も必要なネイルの施術はどんなことなのか、その判断（カウンセリング）ができるネイリストになれば、お客さまに必ずリピートしていただけるはずです。

　ネイルの技術の基本テクニックは、ネイルケアに集約されるといえます。ネイルケアはスクールでのトレーニングで最も時間をかけるところでもあり、安定した技術のためにも、プロになってからも技術を見返し、トレーニングを続けるべき施術です。私のスクールを卒業した熱心なネイリストさんたちはプロとなった今でもネイルケアの基本テクニックを常に見直しトレーニングを受け続けています。お客さまの手の支え、誘導の仕方、強弱のつけ方、技術の段取りなどは、カラーリングや、アート、イクステンションなどの基本でもあります。つまりネイルケアの技術のなかに、ネイルの基本が詰まっているのです。

ネイルケア、もう1度見直しませんか？

CARE

Tools
[用具・用材]

ネイルケアで使用する用具・用材です。

A カラーポリッシュ, B ベースコート, C プレプライマー, D 消毒液, E 除光液, F キューティクルニッパー, G メタルプッシャー, H ガーゼ, I 水入れ, J ハンドスパ, K アンティセプト, L コットン, M キューティクルクリーム, N シャイナー, O スポンジバフ, P エメリーボード, Q ウッドスティック, R ネイルブラシ, S ネイルセラム, T ネイルオイル, U ネイルペーパー

お客さまをお迎えする前に

お客さまをお迎えする前にしたい7つの項目です。順を追って確認してください。

1 営業開始前に行なうこと

私たちは歩く看板でもあります。サロンに出る前に自分自身の身だしなみをしっかりチェックします。ネイル、髪型、アクセサリー、メイクアップはもちろん、笑顔、姿勢、歩く姿勢までを自分で確認します。

2 当日の予約状況を把握

お客さまの予約状況は売り上げに直結するものです。効率のよい予約のとり方を心がけてください。

3 予約客のカルテを確認

予約されているお客さまのカルテを読み込みます。カルテには営業のポイントになるヒントがたくさん隠されています。カルテを重要視して活用することは売り上げアップにつながります。今日一日の戦略を練りましょう。

4 伝達事項の確認

サロンでの伝達事項や、キャンペーンの内容確認など、スタッフ間で情報共有することは山ほどあります。オープン後に疑問を残さないようにし、それぞれの内容をしっかり把握しておくことで、スムーズにサロンワークに臨めます。

5 お客さまへの配布物等の準備

サロンワークではお客さまに名刺をお渡しするサロンも多いでしょう。名刺、ポイントカード、メッセージカードなどの準備をオープン前にすべて整えておき、なるべく施術中にお客さまをお待たせしないようにしましょう。

6 成功・失敗事例の共有

ミーティングでは仕事の伝達事項はもちろん、前日までの成功例や失敗例を共有します。例えば物販の売り上げで成功した事例を聞くことで自らに反映できるはずです。成功・失敗事例を共有し、さらなるサロンワークの向上を図りましょう。

7 衛生管理の徹底

衛生管理のスタートは掃除からです。サロンの入り口、洗面所、イス、テーブルなど、お客さまの皮膚に触れる道具の掃除から消毒までをオープン前にしっかり行ないます。

さて、お客さまをお迎えする準備は整いましたか？
お客さまを迎え入れ、お帰りになるまでの流れをシュミレーションしましょう。

Let's start!

1 ウエットステリライザーに入れる消毒液の量は、メタルプッシャーは肌に触れる先端、ニッパーは刃先が浸かる程度を目安にして常に保ちます。肌に触れる器具は必ず一客ごとに消毒します。

2 テーブルセッティングは、施術者の手前から奥へ向かうにつれて長い器具を置くなど、長短や使用頻度を考えてセットすることで使い勝手がよくなり、効率が上がります。

3 ネイルペーパーにはさまざまな種類があります。テーブルに敷く防水タイプの物や筆等を整えるためのカットペーパーなど消耗品だからこそ用途に合わせて効率よく選びましょう。

A ウエットステリライザー，B キューティクルニッパー，C ウッドスティック，D メタルプッシャー，E ネイルブラシ※，F シャイナー，G スポンジバフ，H エメリーボード，I 消毒液，J 除光液，K ソーク剤，L コットン，M プレプライマー，N オイル，O カラーポリッシュ，P ベースコート，Q トップコート，R ダストブラシ，S 水入れ，T キューティクルクリーム，U ネイルペーパー，V フィンガーボール，W ガーゼ，X タオル，Y トレイ，Z キューティクルリムーバー
※ダスト用（毛足が短いタイプ）とブラシダウン用（毛足が長いタイプ）の2種類があります。

Table set
[テーブルセット]

サロンワークでは効率を考えて用具・用材をセッティングし、手際よい施術につとめます。用具・用材は常に衛生的に保ちましょう。

Karte・Skin disinfection

[カルテ記入・手指消毒]

ネイルサービスを行なう前に、必ずお客さまにメンテナンスの周期等、注意事項をお伝えし、カルテを記入していただきます。このやりとりがカウンセリングの基本情報となります。美しいネイルづくりの計画を立てる重要なポイントです。

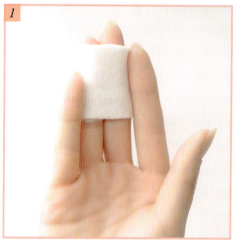

カルテ記入が終わったら施術です。まずは手指消毒からスタートです。消毒液をコットンに含ませ、人差し指と小指でしっかり押さえます。

お客さまの手の甲と手のひらを丁寧に消毒します。ネイルサービスは、お客さまの手指に直接触れるので施術の前に手指消毒を行なうことが基本になります。

指先も忘れずに消毒しましょう。

Polish off
［ポリッシュオフ］

除光液でポリッシュをとり除きます。除光液は適量をとり、ポリッシュを溶かすように落とします。コットンですべてとり切るように丁寧にオフしましょう。

1. 除光液はコットンに染み込ませる量が重要です。したたるほど染み込ませる必要はありません。爪の長さや大きさに合わせて、必要最小限の量にとどめることを心がけましょう。

2. こすりとるのではなく、ポリッシュそのものを溶かしてとるイメージを持ちましょう。こするとまわりの皮膚にポリッシュが広がります。溶かして爪の中心に集めるように除去します。

3. コットンでとりきれない時はウッドスティックにコットンを巻きつけ、除光液を染み込ませてポリッシュを拭きとります。除光液をつけすぎないことがきれいに除去するポイントです。

オフする際、ジェルを膨潤させるための放置時間が大切です。
しっかりジェルが膨潤するのを待ってオフすることが、ネイルにダメージを与えないポイントです。

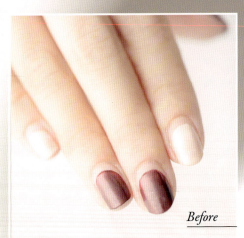

Before

ジェルを塗布してから3週間目の状態。

1

ジェルの表面をファイルでまんべんなくサンディングし、溶液を染み込みやすくします。マシンを使用する場合は、ナチュラルネイル（地爪）を傷めないように注意しましょう。

2

オフする際、ジェルを膨潤させるための放置時間が大切です。しっかりジェルが膨潤するのを待ってオフすることが、ネイルにダメージを与えないポイントです。

Gel off
[ジェルオフ]

ジェルリムーバーを使ってジェルをとり除きます。オフする際の爪への負担を考えて、ジェルを施術する際には品質のよいジェルを選ぶこともひとつのポイントです。

Counseling
[カウンセリング]

カウンセリングにはお客さまに記入していただいたカルテの使用が必須になります。その際、お客さまに確認しておきたい6つのポイントを解説します。

☐ POINT : 01
個人情報の重要性と扱い方ルールの徹底
個人情報とはお客さま個人に関する情報、氏名、生年月日その他の記述等により特定の個人を識別することができる情報をいいます。サロンではカルテと予約表などが個人情報にあたるでしょう。鍵つきの保管庫を使用するなど保管方法を徹底しましょう。

☐ POINT : 02
施術メンテナンスの必要性
来店時、お客さまの爪の状況をカウンセリングします。お客さまが気づかない爪の亀裂、折れ、割れ、ヒビなどが隠れている恐れも。お客さまの希望するメニュー以外にメンテナンスが必要になることもあります。

☐ POINT : 03
お客さまの来店履歴
来店履歴はスタッフ間で共有すべき重要な情報です。担当者が不在でも、来店履歴をもとにすれば誰でもお客さまとのコミュニケーションがスムーズにとれ、ミスなく施術できるはずです。これはリピーターを増やすポイントです。

☐ POINT : 04
店販品の購入履歴
店販品の購入履歴は重要な資料になります。お客さまの嗜好や、購入する価格帯などを履歴に残し、どのタイミングでどんな店販品を紹介するかの手掛かりにしましょう。

☐ POINT : 05
お客さまのアレルギーなど
過去にネイル施術でアレルギーなどのトラブルがなかったかをお客さまに確認します。施術者はお客さまの肌の状態を見て、触って確認しましょう。施術をするうえで大事な指針となり、トラブル回避につながります。

☐ POINT : 06
お客さまのライフスタイル
お客さまの心をつかむネイリストになるためには、的外れなメニューの案内、提供をしないように、お客さまのライフスタイルを把握して、最適なネイルサービスを提供することが重要です。

ネイルのチェックポイント
Points of nail's check

「POINT 2 施術メンテナンスの必要性」についての具体的な事例とその解説ポイントです。

PART 01

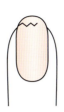

- □ 爪に亀裂がありますか？
- □ 隠れた亀裂がありますか？

解説ポイント

爪の亀裂は、土台のネイルベッドから爪が離れるストレスポイントと呼ばれる両サイドに起こっている恐れがあります。まずはストレスポイントからチェックしましょう。

PART 02

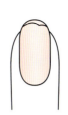

- □ 二枚爪ですか？
- □ 隠れ二枚爪ですか？

解説ポイント

二枚爪の多くは乾燥が原因です。爪のまわりの皮膚が乾燥していたら隠れ二枚爪を疑いましょう。二枚爪にジェルやポリッシュを塗布してもダメージからはがれたり、持ちが悪くなったりします。メンテナンスの施術も考えましょう。

PART 03

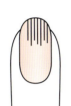

- □ ダメージがありますか？
- □ 縦筋や凹凸、反り、セパレーションなどは？
- □ 原因は？

解説ポイント

ダメージには、加齢、乾燥、先天的に爪が弱いために起こるものや、ジェルなどが原因で起こるセパレーションがあります。セパレーションはネイルプレートがネイルベッドからはがれる状態を指します。原因を知り、対処しましょう。

PART 04

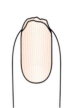

- □ 薄いですか？
- □ 軟らかいですか？
- □ 原因は？

解説ポイント

年齢、シーズン、職業などによっても爪の状況は変化します。お客さまの爪の厚み、硬さなどを確認して施術を選ぶ必要があります。

PART 05

- □ 長さや形は気になりますか？

解説ポイント

爪の形にコンプレックスがあるお客さまは大勢います。お客さまの悩みを解消することも、ネイルサロンの大切な仕事のひとつ。形態的に美しいフォルムをつくる技術をコレクションといい、プロにとって大事な施術です。

PART 06

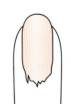

- □ 爪まわりの皮膚に問題はありませんか？

解説ポイント

爪まわりの皮膚に出血、化膿、皮膚病などのトラブルがある場合、ネイル施術をお断りしなくてはならないことがあります。カウンセリングでは爪だけでなく、まわりの皮膚を必ず確認します。

The name of each part : A-N
[ネイルのパーツと名称]

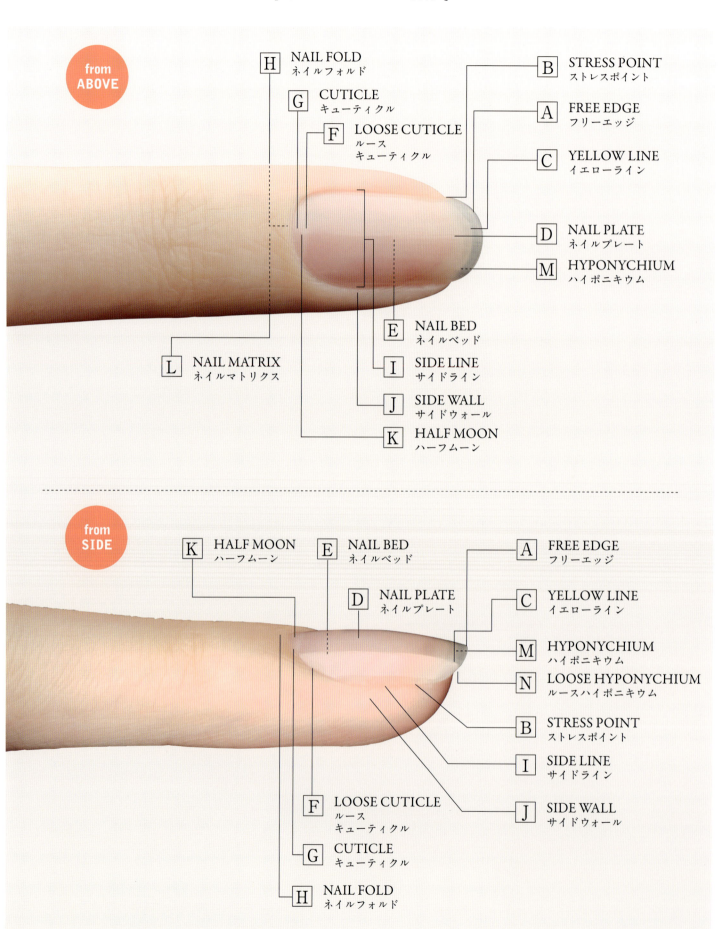

The name of each part: A-N

A　FREE EDGE　フリーエッジ 爪の先端。 ネイルプレートがネイルベッドから離れている部分です。	**B　STRESS POINT**　ストレスポイント イエローラインがサイドラインに接する点をいいます。 ヒビが最も入りやすい部分です。
C　YELLOW LINE　イエローライン ネイルプレートがネイルベッドから離れる部分に見えるラインです。 ※スマイルラインは付け爪などにイエローラインを模して描いた線をいいます。	**D　NAIL PLATE**　ネイルプレート 一般に爪と呼ばれる部分です。
E　NAIL BED　ネイルベッド ネイルプレートが乗っている土台の部分です。	**F　LOOSE CUTICLE**　ルースキューティクル キューティクルから発生してネイルプレートの表面に付着しています。
G　CUTICLE　キューティクル 一般に甘皮といわれる部分です。 キューティクルに沿ったラインをキューティクルラインといいます。	**H　NAIL FOLD**　ネイルフォルド ネイルプレートを根元で固定している皮膚の部分です。
I　SIDE LINE　サイドライン ネイルプレートの左右の際です。	**J　SIDE WALL**　サイドウォール 爪の左右に接するフレームの部分です。 皮膚で覆われています。
K　HALF MOON　ハーフムーン ネイルプレートの根元にある白く半月型に見える部分です。	**L　NAIL MATRIX**　ネイルマトリクス 爪甲を形成する部分で血管と神経が通っています。
M　HYPONYCHIUM　ハイポニキウム 爪甲の下に細菌その他の異物が侵入するのを防いでいる皮膚の部分です。	**N　LOOSE HYPONYCHIUM**　ルースハイポニキウム 爪下皮から発生し、フリーエッジの裏側に付着した角質の部分です。

パーツの名前を知ることはお客さまとの共通用語を持つことです

ネイルのパーツの具体的な名称を覚えて、お客さまにもお伝えし、共有していきましょう。お客さまとの共通用語を持つと、サロンでの施術の際に会話がスムーズになり、施術も効率的に進めやすくなります。また、オーダーミスや伝え間違いを回避することが可能になります。さらにスタッフ間の伝達を円滑にするほか、カルテに記入された内容の共有もスムーズに行なえるようになります。

Repair
[リペア]

ナチュラルネイルが折れたり、薄くなったりした場合に、修復や補強を目的に施す技術です。お客さまのライフスタイルに合わせて用材を選びましょう。

1

亀裂の修復に使うネイル用のグルーは少量ずつ塗布することが大切です。使用量が多すぎると硬化時間が長くなるうえ、ジェルが固まる時にお客さまが硬化熱を感じることがあります。

2

ジェル

アクリル

シルクラップ

お客さまの年齢やライフスタイルに合わせてジェル、アクリル、シルクラップを選択しましょう。ジェルは施術が簡単なためサロンの主流になっています。亀裂などをグルーで直した後、ジェルでカバーします。アクリルはジェルに比べて補強力が高く長持ちするので、指先を頻繁に使ったり、指先に負担がかかったりする仕事をされる方におすすめしましょう。シルクラップはジェルやアクリルより爪の違和感や負担が軽減され、ファイルでの長さ調整などセルフメンテナンスが可能です。

Before

After

Filing / file down & How to hold

[ファイリング／エッジとり＆持ち方]

爪の形を整えるファイルを正しく扱いましょう。ファイリングのテクニックを最大限に引き出すために欠かせません。

1 新しいファイルはエッジが鋭くなっているので、まず、エッジの角を落とします。お客さまや技術者の皮膚を傷めないように道具を使いやすい状態に加工しましょう。

2 ファイル全体の3分の1の部分を持ちましょう。手を丸めるように軽く持つことによって、ストロークがしっかりとれるうえ、力が入り過ぎるのを防げます。手首で力を抜くことが大切です。

3 使用後は毎回ダストをとり消毒をしましょう。ファイルは汚れやすいので常に清潔に保ちます。摩耗したらすぐにとり替えましょう。

Filing / How to support
[ファイリング／支え方]

ファイリングは技術者の支え方が重要になります。★印のポイントをチェック！ 正しい位置に固定し、お客さまの皮膚を傷つけないように技術者の指でカバーして行ないます。

1 親指の第一関節にファイルをあてて支えます①。Bの位置でお客さまの指はしっかりサポートされています。ファイルは①と③の技術者の指でカバーされています。

2 技術者の①親指、B人差し指、②中指でお客さまの指を支えます。ファイルからお客さまの皮膚を守るために親指と中指で爪まわりの皮膚をおさえてスキンダウンさせます。施術部位が見やすくなり、ファイリングもしやすくなります。

3 お客さまの指を左右と上下に動かし、施術部位を見やすくします。指先は下向き、ネイルプレートは技術者の顔に正対させます。

Filing / Square off
[ファイリング／スクエアオフ]

爪の先端とサイドをストレートに整え、角に丸みをつけた存在感のあるカットスタイルです。

Before

1. 爪に対して垂直にファイルをあてます。あてるファイル面は一定にまっすぐ引きます。

2. 側面はサイドラインに合わせて真横にファイルを入れます。ストレスポイントに傷をつけないようにファイルをあてる角度が重要です。

3. 真上から見た角のオフと、爪の厚みの内側の角をオフします。その際、ネイルプレートの表面を削らないように、爪の厚みにファイルの面をあてて引きます。この際、親指でしっかり支えましょう。

NAIL CARE

Filing / Round
[ファイリング／ラウンド]

サイドはストレートで先端をゆるやかにカーブさせたカットスタイルです。爪先の丸みが左右対称になるように気をつけましょう。

Before

1　長さとサイドラインをストレートに整えた後、コーナーから先端にかけてファイルをあてます。コーナーをオフしながら先端の丸みをつくることで時間を短縮できます。

2　左右対称になるように心がけます。爪の正中線を意識しながらファイルしましょう。ファイル面は爪の先端のカット面に対してファイル面がやや見える角度に、やや寝かせてあて、丸みをつくります。

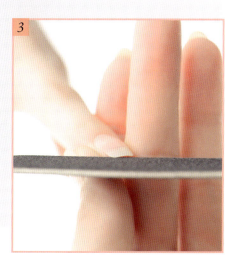

3　内側の角がオフされているか確認してください。爪が短い場合は皮膚にあたるのでしっかり皮膚を押さえ、スキンダウンさせて施術しましょう。

Filing / Oval
[ファイリング／オーバル]

先端を卵型にカットしたスタイルです。比較的ダメージに弱いスタイルなので削り方に注意が必要です。

Before

1

サイドストレートを残し、ストレスポイントのギリギリの位置から削り始めることで、補強力を弱めないようにします。

2

先端はファイルの面を寝かせて削りましょう。ラウンドの時よりファイルをやや寝かせてあてますが、爪先を薄く削りすぎると、割れたり二枚爪になったりしやすいので気をつけましょう。

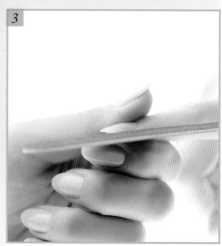

3

ファイリングに共通していえるのは、利き手側ではないサイドを削る際は振動が伝わらないように親指でプレートを押さえることです。

NAIL CARE

Filing / Point
[ファイリング／ポイント]

サイドラインから先端までシャープにシェイプするカットスタイルです。必ず補強した爪に施すようにします。

Before

1

シャープな形をつくるために、ストレスポイントの奥からしっかりファイルを入れます。オーバルとポイントの削り始めの違いを確認しましょう。

2

真正面から見て左右対称のカーブをつけます。左右対称かどうかをお客さまはとても気にされます。お客さまに満足していただくためにも、仕上がりのクオリティを上げるためにもこれは重要なポイントです。

3
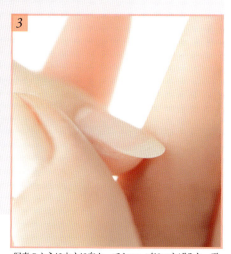
写真のように中心に向かってシャープにつなげると、正面から見て美しいポイント型になります。ナチュラルネイルだけでは補強力不足なので、必ずジェルやアクリルでカバーしましょう。

Clean up / at the beginning
[クリーンアップ／はじめに]

クリーンアップの際にお客さまの手指をお湯に浸して、キューティクルと角質を軟らかくします。お湯の温度によってはかえって乾燥して硬化するので温度に細心の注意を払います。

NAIL CARE

1. フィンガーボウルにソーク剤を入れます。ソーク剤は皮膚を効率よく軟化させることができます。早くふやかそうとして、お湯の温度を上げるとかえって皮膚を乾燥させ、硬くさせてしまうので、必ずソーク剤を使いましょう。

2. 湯温の設定が重要です。長時間入れすぎてふやかしすぎも厳禁です。人肌より少し高い程度が望ましいです。適温はお客さまをリラックスさせ、信頼を得ることにもつながります。湯温は必ず確認しましょう。

3. クリーンアップ用のボウルとお客さま用のフィンガーボウルはきちんと分け、常に衛生的に保ちましょう。安全性や衛生面での配慮を目に見えるようにすることでお客さまに安心して施術を受けていただけます。

Clean up / Metal pusher
[クリーンアップ／メタルプッシャー]

メタルプッシャーでキューティクルとルースキューティクルをプッシュアップし、ルースキューティクルを処理しやすくします。プッシュアップはクリーンアップのなかでとても重要な工程です。

NAIL CARE

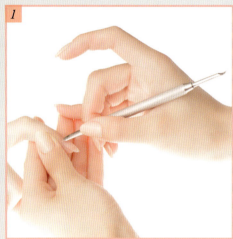

メタルプッシャーは鉛筆を持つように持ち、指で力を加減しながら動かします。先端に力を入れて爪の表面を削るようなあて方はネイルプレートに負担をかけてしまいます。

ルースキューティクルをキューティクルの下に集めていきます。角度を寝かせすぎるとキューティクルの上にメタルプッシャーがあたるのでお客さまが痛みを感じ、立て過ぎると爪に負担をかけます。角度が重要です。

プッシュアップはサイドラインからコーナー中央へと行ないます。ルースキューティクルをネイルプレートからしっかり除去するとポリッシュやジェルがはがれにくくなります。プッシュアップが正しく行なわれないと次のニッパーワークがスムーズにいきません。

Clean up / Nippers
[クリーンアップ／ニッパー]

キューティクルニッパーを使って爪まわりにある硬くなった角質のハードスキンとルースキューティクルをとり除きます。爪の形づくりにも関わる重要な工程です。

1

甘皮は水を含ませたガーゼで常にウエットの状態を保ちながらハードスキンとルースキューティクルをとり除いていきます。ウエットにしながら行なうことで皮膚表面がなめらかに仕上がります。

2

ルースキューティクルの前にハードスキンをとることで爪を美しく形づくることができます。プロにしかできないハードスキンの処理など、ニッパーワークがしっかりできれば確実にリピーターを獲得できます。

3

プッシュアップしたルースキューティクルはキューティクルの下に入り込んだ状態になっています。ルースキューティクルはニッパーでとり除くように処理していきます。部位ごとにニッパーのあてる角度を変えることが重要です。

Sculptured nail / Gel
[スカルプチュアネイル／ジェル]

扱いやすいジェルは補い爪にも利用しやすいものです。お客さまに合った長さを提案しましょう。

Before

1 ジェルは柔軟性があるので爪にフィットしやすく、違和感がありません。耐久性に優れており、補い爪に適しています。

2 爪の幅より少し細めにフォームを装着します。ジェルはアクリルよりテクスチャーが軟らかいのでタイトにします。

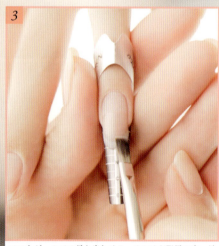

3 ソフトジェルでの長さ出しは1〜3ミリが限界です。長さと幅の修復を目的に使いましょう。先端は厚みがないので地爪との差が出ないように厚みを調節します。色は地爪に近いものを選びましょう。

NAIL CARE

1

アクリルはジェルよりやや硬めに固まり、短時間でつくることができます。アクリルリキッドにアクリルパウダーを混ぜ合わせて使用し、混合したものをミクスチュアと呼びます。適切な混合比率が持ちをよくするカギです。

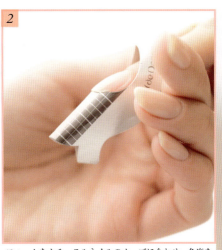

2

フォームをナチュラルネイルのカーブに合わせ、角度をやや下げてフォームを装着します。

3

筆にアクリルリキッドをとり、アクリルパウダーをとって混合させます。ミクスチュアを爪先の中央左右対称にのせることが重要。その後ゆっくりとなじませます。

Before

Sculptured nail / Acrylic resin

[スカルプチュアネイル／アクリル]

補強力の強いアクリルは補い爪や、カバーするオーバーレイに最適です。フォームの装着とミクスチュアのコツを覚えましょう。

FINISHED WORK

フィニッシュワーク

ケアの仕上げにカラーリングなどのフィニッシュワークを行ないます。
ポリッシュ、スーパーポリッシュ、ジェルのそれぞれの特性を知り、
お客さまに提案していきます。ハンドスパでは手元の美肌づくりを提案します。

index
────────────
コラム — 44, 用具・用材 — 46, カラーリング／スーパーポリッシュ — 47, カラーリング／ポリッシュ — 48, カラーリング／ジェル — 54, カラーリングなし — 56, ハンドスパ — 58

BEAUTIFUL
NAIL

COLUMN 02

　今、サロンで提案するべき３つのケアメニューがあります。

　１つめは、ハンドスパです。「美しいお爪」はもちろん、「美しいお手元」をつくっていくこともネイリストの仕事。ハンドスパは、保湿やリラクゼーション効果はもちろん、血液循環をよくするので爪の成長にもよい影響を与えるうえ、ストレッチをすることで指先がしなやかになり、美しい所作へと導くことができます。さらにスクラブの入ったハンドマスクを用いれば、手肌の美白効果が期待できるので、手元に自信を持っていただけるようになるはずです。ハンドスパの効果はお客さまにとってよいこと尽くめですから、自信をもっておすすめしましょう。

　２つめは、新世代のポリッシュ「スーパーポリッシュ」です。速乾性があり、長持ちするスーパーポリッシュはまさに夢のカラーリング剤です。「スーパーポリッシュ」を使った、プロによる仕上がりに満足していただき、サロンに通っていただけるよう促せるメニューですので積極的に提案していきましょう。

　３つめは、男性のお客さまへのネイルの提供です。最近では男性のお客さまが多くサロンに足を運ばれるようになりました。男性の美容意識の高まりは目を見張るものがあり、男性向けの美容市場は大きくなる一方です。

　男性のお客さまの特徴として比較的、定期的に来店いただけることが挙げられます。お客さまの要望に沿うように提案し施術すれば、リピーターとして規則的に通い続けていただける可能性が高いということです。これからのネイルサロンにとって、男性のお客さまにも気に入っていただくことが必要ではないでしょうか。

　提案力、より磨いていきませんか？

WORK

FINISHED WORK

1
スーパーポリッシュは短時間で乾きます。数分で乾くので、お客さまを待たせることがありません。爪の表面を平らに整え、爪の先端にスーパーポリッシュが溜まらないように塗布します。

2
スーパーポリッシュは通常のポリッシュと比べて長持ちします。特性として紫外線の影響で硬化するので、日々、自然光で硬くなり、持ちがよくなります。

3
スーパーポリッシュは特にトップコートを塗ることで、持ち、ツヤが格段に変わります。ガラスコートを一層かけるようなものです。ネイルカラーを長持ちさせるためにも、トップコートは店販品として誘導しましょう。

Coloring / Super polish
[カラーリング／スーパーポリッシュ]

ジェルのようにすばやく乾き、ポリッシュより長持ちするスーパーポリッシュは、今やサロンでの提案に欠かせなくなっています。

Coloring / Polish・Red

[カラーリング／ポリッシュ・レッド]

根強い人気を誇るポリッシュはセルフケアも可能ですが
プロのテクニックで仕上がりや持ちに違いをつけましょう。

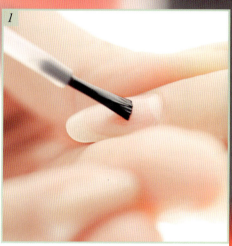

ベースコートをしっかりと塗布することが大切です。クリアだからといって雑に塗ると、上に重ねるポリッシュの仕上がりに影響します。丁寧に塗ることを心がけましょう。

ハケについたポリッシュのテクスチャーが丸いしずくになる特性を生かして、丸みを帯びたキューティクルラインに沿わせるように置きます。ハケで無理に塗りつけないようにしましょう。

ポリッシュが爪の先端に溜まらないようにハケを引き切るようにして塗布します。お客さまの指を支える手の人差し指で、施術しやすい角度にお客さまの指を自由に動かしましょう。動かし方が重要になります。

Coloring / Polish・Sheer

[カラーリング／ポリッシュ・シアー]

透け感のあるシアーは肌なじみがよく、手を美しく見せます。
シアー系の特性を知って塗布法や色選びに工夫をしましょう。

1 色の選び方が重要になります。お客さまの肌に合ったシアー系の色を選ぶとなじんで、肌をきれいに見せ、爪も美しく見せることができます。※P68 スキンカラーとネイルの質感参照

3 ボトルに入っているときのようなカラーを出したい時、プロ向けは2度重ねないと発色しません。エンドユーザー向けは、1度の塗布で発色するものもあります。プロ向けは重ね塗りが必要ですが持ちがよいので、それぞれの特性を知ることが大事です。

2 ポリッシュは薄く重ねていくことで持ちがよくなり、美しく発色していきます。特にシアー系の場合は透明感があるので一層目は一番薄く塗布します。無理に厚塗りするとムラができるので注意しましょう。

Coloring / Polish・Pearl
[カラーリング／ポリッシュ・パール]

独特の光沢をもつパールは、手もとをエレガントに見せます。美しい質感に仕上げるために、下地づくりとハケの使い方に気をつけましょう。

1

バッフィングを行ない下地となる爪の表面を平らに整えましょう。土台をしっかりとつくることが大切です。

2

リッジフィラーを使用して下地を整えます。透け感のあるパールや淡い色みのパールは、乳白色のリッジフィラーやベースコートを塗ることで発色がよくなり、パールの質感を美しく出せます。

3

ハケの筋をまっすぐに出すようにして、爪の半分を塗ります。上手に塗るポイントは支える手の動きです。支えた指でお客さまの指を上下に誘導し、同時に利き手でハケをしっかり固定して塗布しましょう。

Coloring / Gel

[カラーリング／ジェル]

サロンで最も支持されているのがジェルでしょう。持ちのよさが魅力のジェルを、プロのテクニックでさらに長持ちさせるコツを紹介します。

1

爪の表面をサンディングします。表面を整えて、爪とジェルの密着性を高めます。ラインに沿わせてサンディングすることで、ジェルがキューティクルラインから浮くのを防げます。

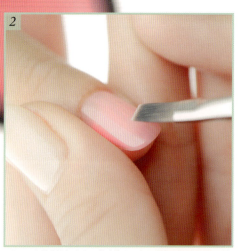

2

ジェルを薄く塗ります。薄く塗ることで持ちがよくなり、厚く塗れば塗るほど爪に負担がかかります。ジェルは収縮率が高く、巻き爪の要因にもなるので注意が必要です。

3

先端のはがれは最も多いクレームです。先端の囲み不足によるものが多いので要注意です。

No Color
[カラーリングなし]

主に男性やネイルカラーを希望されない方に適した仕上げ方です。ツヤの出し加減を調整してお客さまの要望に応えましょう。

Before

特に男性のお客さまには、どの程度のツヤを希望するのかをあらかじめ聞いておくが大切です。

After
half shine

After
shine

1

ニッパーで甘皮を処理します。男性の場合、オーバークローンキューティクルといって甘皮がネイルプレートに過剰にかかっている状態の方が多くいますが、処理のし過ぎは禁物です。頻度と限度を守りましょう。

2

バフをかけます。徐々に目の粗さを細かくしていくことで時短になります。

3

シャイナーで仕上げます。ここでは圧をかけ過ぎないようにしましょう。熱さや痛みを感じないように2、3回かけたら爪から離すようにします。シャイナーには寿命があるので、取り替え時の見極めが大切です。

Hand spa
[ハンドスパ]

ハンドスパはリラクゼーション効果の高いメニューです。サロンではハンドマッサージと保湿や美白のパックを行ないます。

FINISHED WORK

ジェルの場合、仕上げにハンドスパを行なうのがおすすめです。皮膚に残った未硬化ジェルをとり除くことができます。ポリッシュの場合は塗布の前にハンドスパをします。メニュー提案時にあらかじめ行程を考えておきましょう。

スクラブを使ってマッサージを施します。スクラブは黒ずみの除去に効果的です。特に黒ずみやすい関節は、丁寧にマッサージしましょう。

サロンでのマッサージの主な目的はリラクゼーションですが、ハンドストレッチによる効果も重要です。日ごろ動かさない方向にストレッチをすることによって、指のしなやかさや美しさをつくり上げます。

ハンドマッサージで血液循環をよくした後、保湿用のパック剤を塗布します。ラップをしてからタオルやミトンなどで包んで温めると効果的です。美しい手もとづくりには、フェイスケアと同じく保湿が重要です。

仕上げにネイル専用のセラム（美容液）とオイルで保湿します。キューティクルラインは通常の皮膚より硬くなりやすいため、ハンドクリームだけでは保湿しきれません。ネイルセラムやオイルはサロンで実際に使用したうえで、店販品としてもお客さまに提案しましょう。

ポリッシュで仕上げる場合、ハンドケアの後にネイルプレートの油分をきちんと除去することが大切です。プレプライマーなどの下地剤を使用しましょう。ただし、ドライネイルやダメージネイルへの使用には注意が必要です。

Hand spa
[ハンドスパ]

NAIL ART

ネイルアート

数多くあるデコレーションパーツの特徴を知り、
体系的にレイアウトのコツを覚えてデザインの完成度を上げましょう。
サロンワークのデザインはお客さまの要望に合った仕上げ方を身につけることが大切です。

index

コラム—64, 用具・用材—66, スキンカラー&ストーン・シール—67, スキンカラーとネイルの質感—68, ストーンとパーツの種類—70, ストーンの置き方—74, ストーンの組み合わせ—76, シールの種類—78, シールと塗り分け—80, クリスタルストーンのカラー表—82, サロンデザイン—83, フレンチ—84, 逆フレンチ—86, マルチカラー—88, ブロッキング—90, マーブル—92, グラデーション—94

NAIL
SHINE

COLUMN 03

　ネイルアートをデザインするには、まずキャンバスにあたるお客さまのネイルのフォルムを捉えることが大切です。

　お客さま個々で異なる横幅、長さ、アーチを捉え、最高に美しく見えるカットスタイルを提案していく考え方は、ヘアスタイルをデザインする美容師同様です。前後左右のアーチの状態から、カーブする平面に対して、どうデザインしていくのか。小さなネイルの上での平面構成を立体的に考えていきましょう。

　そう、ネイルアートはとても数学的です。さらに、多彩なカラーや多様なパーツをいかに選びとり美しくデザインするかという高いセンスも求められます。とても難しく聞こえるかもしれませんが、ネイルアートの数学的な「ルール」やデコレーションの「ルール」が分かれば、誰でも提案力のある技術者として大活躍できます。「ルール」を知り、マスターして、ネイルアートの完成度を上げていきましょう。

　サロンワークをこなすプロのネイリストなら、お客さまの要望に沿ったアートワークをいつも心がけていることでしょう。もう一歩、お客さまに寄り添ってネイルアートを考えることができます。それは、ネイルアートはお客さまの日常や装いにマッチングさせていくものという考え方。身につけるアクセサリーと感覚は同じです。お客さまは、アクセサリーを時にはゴージャスに、時にはシンプルに、もしくはノーアクセサリーと、気分や状況に応じて選ばれると思います。

　ネイルの選択もまさにそんな感覚でマッチングすれば、特別な日のネイルアートだけでなく、日常のなかで楽しんでいただけるはずです。

　そのためには、私たちはマナーを知り、お客さまの生活スタイルに合わせた提案ができなければなりません。

　ネイルアートの基本、今一度身につけませんか？

ART

Tools
[用具・用材]

ネイルアートで使用する用具・用材です

A カラーポリッシュ, B クリスタルストーン, C ジェル, D アクリルブラシ, E カラーアクリルパウダー, F グリッター, G ネイルシール, H ラメ入りアクリルパウダー, I 除光液

Skin colors & Stones・Seals

スキンカラー&ストーン・シール

似合わせはまずお客さまのスキンカラーを知るところからはじまります。
お客さまに似合うネイルカラーと質感を提案できるようになりましょう。
さらにデザインの幅を無限に広げてくれるデコレーションパーツについて解説します。

Skin colors & Texture

[スキンカラーとネイルの質感]

日本人の肌は大きく4つに分けられます。お客さまのスキンカラーに合った
ネイルカラーと質感を、要望に沿わせつつ提案できるようになりましょう。

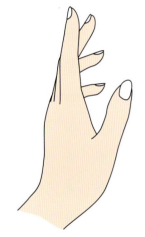

LIGHT YELLOW
ライト
イエロー

黄みがかった肌で、フレッシュで若々しい印象を与えます。青みの入らないネイルカラーなら透明感を出すことができます。似合うカラーは黄みのあるベージュ、黄みのあるオレンジ、コーラルピンクなどです。

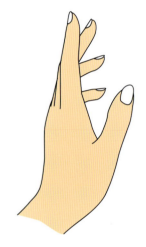

DARK YELLOW
ダーク
イエロー

黄みがかったやや色黒の肌で、あたたかみのある印象を与えます。ニュアンスがあり、深みのあるカラーがマッチします。似合うカラーは黄みのあるブラウンと深いベージュ、ブロンズなどです。パールの質感も似合います。

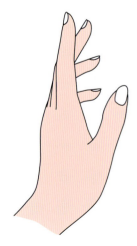

LIGHT RED
ライト
レッド

赤みがかった色白の肌で、優しくおだやかな印象を与えます。明度が高めのカラーや、透明感のあるカラーにトライできる肌色でもあります。似合うカラーは青みがかったパステルカラーや、ライラックカラーです。

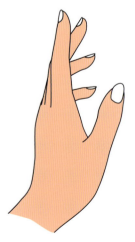

DARK RED
ダーク
レッド

赤みがかった色黒の肌で、強さ、シャープさ、メリハリなどの印象を与えます。ややダークな色が映える肌色です。似合うカラーは深紅やローズなどです。

スキンカラーに合わせたお客さまへの提案カラーと質感

お客さまのスキンカラーに合わせてネイルカラーを選んだら、次は質感の似合わせが重要になります。質感別に性質をよく理解し、お客さまの求めているイメージに合わせて提案できるようになりましょう。また、テクニカル面では質感に応じた塗布テクニックを身につけることでより上質に仕上がります。ポリッシュにはさまざまな質感がありますが、なかでも代表的な、クリーム、パール、シアー、ラメ、微粒子ラメ、メタリックに分けて説明します。

CREAM
クリーム

クリームはポリッシュカラーの色みを表現するのに最ももふさわしく、最も一般的で、質感の王道といえます。

PEARL
パール

パールは塗布する際、特徴であるパール感を生かすために最も安定した筆の運びが求められます。上手に塗ることができれば上質感を表現できます。

SHEER
シアー

ネイルカラーは薄く重ねることで美しさを表現し、持ちをよくします。なかでもシアーは十指とも同様に塗布することが求められます。シアーの塗布法をマスターすることはカラーリングの基本をマスターすることともいえます。

GLITTER
ラメ

グリッターの含有量をまず知りましょう。ひとハケでどれだけのグリッターが塗布できるのかをテストする必要があります。指の先端やサイドからグリッターが突出しないように爪先端へのシーリングというテクニックを使います。

GLITTER of a fine grain
微粒子ラメ

パールとグリッターの中間くらいの性質です。微粒子のため、エレガントさのなかに華やかさがある絶妙な印象をつくり出します。

METALLIC
メタリック

メタリックはシャープさやモード感が出せる特徴を持ち合わせています。ポリッシュはもちろん、ジェルもメタリック感があるものが多く出ています。

Stones & Parts
[ストーンとパーツの種類]

ストーンにはさまざまなものがあります。カテゴリーに分けて理解をしていくと、組み合わせは無限に広がり、豊かなデザインワークが可能になります。

PEARL
[パール]

パールは年代、時代を越えて愛されるジャパンジュエリーの代表といえます。パールの質感はジュエリーのなかでも特に優美さに富むので、エレガントさが求められることの多いネイルアートにとって非常に重要なアイテムです。

COLOR
[カラー]

カラーストーンはそれぞれの色の特徴をとらえ、色の持つ性質を理解し、ジェルやポリッシュ、アクリルなどとの組み合わせを考えましょう。上手にカラーコーディネイトすると、思い描いた通りの印象のアートが作成できるようになります。

OPAL
[オパール]

カラーストーンのなかでもハーフマットの質感を持つクリスタルストーンです。通常のストーンの輝きとは異なり、特徴的なマット感がさまざまなニュアンスをつくり出します。

METAL
［メタル］

メタルは金属の質感を表現するストーンです。モード感を演出するのにふさわしく、硬さやシャープさの表現など、ネイルのなかでも大人っぽいデザインに仕上げる際のキーポイントになります。

CABOCHON
［カボーション］

クリスタルストーンの表面にカット面がないドーム型をしたストーンです。しずくのような丸いフォルムから、かわいらしさやナチュラル感を演出できます。

AURORA
［オーロラ］

通常のストーンにオーロラの輝きを添えたものです。通常のストーンよりも華やかさが増すだけでなく、見る角度によってさまざまなカラーに変化するという楽しみをもたらします。

DEFORMATION
［変型］

ハート、リボン、三角など、基本のパーツとは異なるさまざまな変型があります。仕上がりをイメージする際、バリエーションに富んだ変型を利用すると更にデザインの幅を広げることができます。

MOTIF
［モチーフ］

デザインの要としてワンポイントで取り入れましょう。ストーンと組み合わせてデザインを楽しむことができます。

OTHERSTONE
［アザーストーン］

アクリルや半貴石などさまざまな材質でできています。クリスタルストーンとはまた別の質感があり、ポイントとしてデザインワークでは欠かせないパーツとなっています。

BIJOU
[ビジュー]

ペディキュアやロングネイルに最適です。デザインが完成されているので1点でジュエリーのような華やかさを出すことができます。ジェルを1層塗った後、ビジューをのせてジェルで囲みましょう。

METAL PARTS
[メタルパーツ]

型抜きタイプは他のパーツと組み合わせやすいです。プレーンタイプは存在感を生かし、飾りのポイントとしてあしらいましょう。

How to put stones
[ストーンの置き方]

5つの基本配置パターンと、同一のカラーを塗り3つのテーマでレイアウトしたストーン表です。基本の置き方をマスターすれば、置き方ひとつで自由にイメージを変えることができ、さまざまな要望に応えられるようになります。

デザインワークはテーマや主役とする指の設定、メリハリなどが要になります。特にラインストーンを使う場合は、すべての指をデコレーションするよりも、ひとつの指にポイントを置くことでメリハリがつき、華やかさを表現できます。お客さまの要望、目的に合わせて提案することが重要です。

Combination of stones

[ストーンの組み合わせ]

ストーンの配置は無限にあるといっていいでしょう。パーツの組み合わせによってイメージや表情が様変わりします。基本の組み合わせをマスターしてアレンジ力をつけていきましょう。

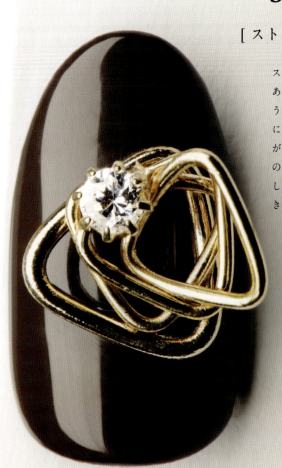

STONE(CLEAR)
ストーン（クリア）

＋

PEARL
パール

ストーンとパールを組み合わせる際、どちらを主役に使うかによってパーツの大きさを決定します。ここではパールを主役に使い、小さなストーンやスタッズで周りを囲い、パールを華やかに見せるデザインにしています。

STONE (DEFORMATION)
ストーン（変型）

＋

STUDS (SS FLAT BACK)
スタッズ（SS フラットバック）

変型のストーンはフォルムイメージがデザインを左右します。例えばハートはスイート、星はポップなイメージになるので形選びが重要になります。主役の変型ストーンと周りのスタッズ等の大きさはバランスを考えて配置しましょう。

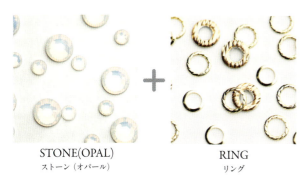

STONE(OPAL)
ストーン（オパール）

＋

RING
リング

ストーンとリングを合わせる場合、ジュエリーの留め金をイメージして、ストーンのまわりにリングが見えるように配置することがあります。オパールだけでは印象が弱い場合も、リングを加えることでインパクトを出すことができます。

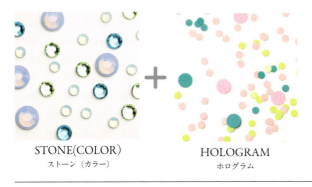

STONE(COLOR)
ストーン（カラー）

＋

HOLOGRAM
ホログラム

ホログラムは、完成度が高く見えるパーツのひとつです。ストーンとの相性もよく、ドットや空間に流れをつくるためにも利用します。安価なうえ、サロンワークの時短のためにも活用できる便利なパーツです。

STONE(PP)
ストーン（立体型）

＋

STONE (SS FLAT BACK)
ストーン（SS フラットバック）

ストーンの立体型とフラットバックを組み合わせる場合、立体型は裏がとがっているので確実に固定させる必要があります。ネイルアートの持ちが重要視されるなか、立体型を使うときはまず接着の仕方を考慮してデザインしましょう。

Seals

[シールの種類]

サロンワークにおいて今やシールの存在は欠かせないものになっています。施術者が誰であれ、サロンクオリティとして同一の時間、同一の質を保つためにも、また、シールの完成度の高さからしても、活用が必須となっています。

FLOWER/POP
フラワー／ポップ

季節感を表すのに最も効果的なシールです。手描きだと時間がかかるものでも、シールを活用すれば手軽にリアルで美しいモチーフを楽しんでいただけます。季節感を演出するためにもシーズンごとに活用するとよいでしょう。

HEART
ハート

ハートは最も人気のあるモチーフといえます。さまざまなハートの形があるので、表現したいイメージによってハートの形を選ぶことが重要です。サロンでは豊富にハートモチーフを用意しておくと便利でしょう。

NOTE etc.
音符 その他

各種モチーフを用意することはお客さまの要望に応える近道になります。ロックテイストを表すスカルやクロス、音符などでイメージ表現をすることができます。季節、時流に合わせてさまざまなモチーフがあります。

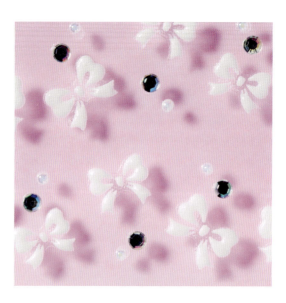

RIBBON
リボン

女の子らしさや愛らしさを表すには最も有効なモチーフです。リボンもハートと同様、さまざまな形があるので各年代や好みに合わせて選ぶことができます。サロンでは数種類のリボンモチーフを準備しておくとお客さまの選択肢が広がります。

ALPHABET
アルファベット

お客さまのイニシャルや、好きなアルファベットを利用したいというオーダーは時代を問わず定番となっています。シールを利用すれば手描き以上に完成度を上げることができ、時間短縮にもつなげることができます。

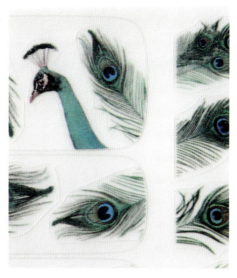

FEATHER
羽

昔から使われているモチーフで、本来、自然感や高貴なイメージで使われてきました。昨今はリアルな羽はもちろん、さまざまな種類があり、ベースカラーとの組み合わせによっていろいろとイメージを変えることができます。

PATTERN
柄

エッグアートに用いられていたものをネイルシールとして転用するようになったモチーフです。柄がかなり細やかで、デザインは多岐に渡ります。各パーツとの組み合わせによってさまざまなデザイン活用できます。

LACE
レース

レースは幅とデザインによって、またはライン状、パーツなどによって活用の仕方が幅広いモチーフです。ストーンなどの組み合わせによって表情をさまざまに変化させることができます。

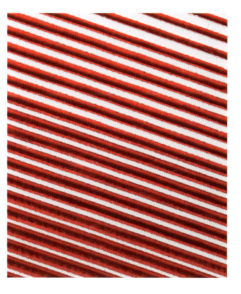

LINE
ライン

ラインは手描き以上の完成度が期待できる重要なアイテムです。2つ以上のカラーを塗り分ける際、センターラインに貼るとステンドグラスのような効果で調和を持たせることができます。

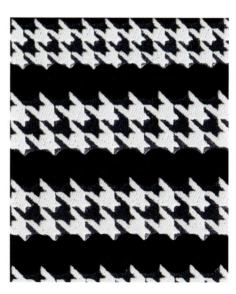

HOUND'S-TOOTH
千鳥格子

千鳥格子に代表されるような、布地を表現したモチーフはいくつかあります。チェックやツイードもこれに含まれます。爪全体にも部分的にも使用が可能ですが、広い面積に使う際の見せ方には工夫が必要です。

001 : color
pink + yellow green base

ベースカラー（2色の塗り分け）
2色以上の塗り分けをした場合の
シールの活用方法です。

BASE

GOLD
ゴールド

2色を塗り分けたセンターラインにゴールドのモチーフシールを貼ることによって、デザインに動きを加えることができます。ストーンなども活用すればゴージャスな印象のアートに仕上がります。

LINE
ライン

2色を塗り分けたセンターラインに貼るだけでなく、太さを変えてラインシールを使い分けることでデザインワークが広がります。ラインシールはモード感のあるネイルアートになります。

LACE
レース

塗り分けたセンターラインにレースシールを貼ったパターンです。色の塗り分けがやわらかな印象になり、肌なじみがよく、女性らしく、エレガントなネイルアートがつくれます。

Painted in different color with Seal
[シールと塗り分け]

002 : color
pink + gray base

ベースカラー（2色づかいワンカラー塗り）
十指に2色を使い分けてワンカラーで塗った場合のシールの活用方法です。

BASE

FLOWER
フラワー

同じフラワーのシールを使っても2色のカラーの性質が違えば、指にやわらかさ、やさしさを表現しつつ、メリハリをつけることができます。ポイントになる指をどれにするかが重要になります。

HEART
ハート

1本の指に対してハートのモチーフをいくつ貼るのか、空間にホログラムやストーンを使うのかによっても、デザインのポイントが変わってきます。ポイントになる指をあえてシンプルにして主役にすることもできます。

HOUND'S-TOOTH
千鳥格子

2色のカラーを選択する時、明度差があるものにすると千鳥格子のモチーフの性質が効果的に表現できます。貼り方は十指すべてを揃えずにアレンジすると面白いデザインがつくれます。

003 : color
orange + pink + gray base

ベースカラー（多色塗り）
多色づかいのワンカラーで塗った場合の
シールの活用方法です。

BASE

SEE-THROUGH FLOWER
シースルーフラワー

透け感のあるフラワーシールを使う場合、下に塗る色によって、シールをさまざまな色に展開して利用することができます。ここでは花を貼る部分にピンク色のネイルカラーを塗布してからフラワーシールを貼っています。

ARTISTIC FLOWER
アーティスティックフラワー

シールの柄に手を加えず、ベースカラーの選択によって印象を変えるパターンです。この際、ベースになるカラーは類似色のグラデーションカラーを使うとまとまりやすくなります。

FLOWER WITH STONE
フラワーウィズストーン

フラワー柄のセンターにストーンをあしらって華やかな印象をつくっています。シールとストーンとの上手な組み合わせを考えると、ポップにもエレガントにもなり、さまざま表情をつくることができます。

基本の塗り分けをしてから3つのパターンのシールを使い分けてデザインを展開させます。シールの使い方を身につけてアレンジ力を磨きましょう。

color
blue + yellow green + green base

ART
シールでつくるアート

ここではレース、ライン、蝶々のシールを使っています。ホログラムを活用することで動きのあるデザインに仕上げました。さまざまなシールを組み合わせて奥行きをつくり、完成度の高い、グラフィックアートのようなデザインが可能になります。

Color list of Crystal stone

[クリスタルストーンのカラー表]

代表的なクリスタルストーンのカラーチャートです。

SWAROVSKI

Flat Backs No Hotfix

Colors

- Crystal 001
- White Opal 234
- Light Silk 261
- Silk 391
- Light Peach 362
- Vintage Rose 319
- Blush Rose 257 NEW!
- Light Rose 223
- Rose Peach 262
- Padparadscha 542
- Indian Pink 289
- Sun 248
- Fireopal* 237
- Hyacinth 236
- Light Siam 227
- Indian Siam* 327
- Rose 209
- Fuchsia 502
- Ruby 501
- Siam 208
- Burgundy 515
- Amethyst 204
- Cyclamen Opal 398

- Purple Velvet 277
- Cobalt 369
- Tanzanite 539
- Light Amethyst 212
- Smoky Mauve 265
- Provence Lavender 283
- Light Sapphire 211
- Aquamarine 202
- Air Blue Opal 285
- Sapphire 206
- Capri Blue 243
- Dark Indigo 288
- Montana 207
- Caribbean Blue Opal 394
- Light Turquoise 263
- Blue Zircon 229
- Denim Blue 266
- Black Diamond 215
- Pacific Opal 390
- Chrysolite Opal 294
- Chrysolite 238
- Peridot 214
- Erinite 360

- Fern Green 291
- Dark Moss Green 260
- Emerald 205
- Olivine 228
- Khaki 550
- Greige 284
- Light Colorado Topaz 246
- Jonquil 213
- Citrine 249
- Light Topaz 226
- Sunflower 292
- Topaz 203
- Tangerine 259
- Smoked Topaz 220
- Mocca 286
- Jet** 280

Ceramics

- Marbled Light Grey 657
- Marbled Terracotta 655
- Marbled Yellow 652
- Marbled Blue 654
- Marbled Black 653

Effects

- Crystal Silver Shade 001 SSHA
- Crystal Moonlight 001 MOL
- Crystal Aurore Boreale 001 AB
- Crystal Luminous Green*** 001 LUMG
- Crystal Golden Shadow 001 GSHA
- Crystal Metallic Sunshine NEW! 001 METSH
- Crystal Rose Gold 001 ROGL
- Crystal Copper*** 001 COP
- Crystal Astral Pink 001 API
- Light Siam Aurore Boreale 227 AB
- Crystal Red Magma*** 001 REDM
- Light Rose Aurore Boreale 223 AB
- Crystal Antique Pink 001 ANTP
- Rose Aurore Boreale 209 AB
- Crystal Volcano 001 VOL
- Crystal Lilac Shadow 001 LISH
- Crystal Paradise Shine 001 PARSH
- Sapphire Aurore Boreale 206 AB
- Crystal Metallic Blue*** 001 METBL
- Crystal Meridian Blue 001 MBL
- Aquamarine Aurore Boreale 202 AB
- Crystal Blue Shade 001 BLSH
- Peridot Aurore Boreale 214 AB

- Jonquil Aurore Boreale 213 AB
- Crystal Iridescent Green 001 IRIG
- Crystal Dorado*** 001 DOR
- Crystal Metallic Light Gold*** 001 MLGLD
- Crystal Bronze Shade*** 001 BRSH
- Topaz Aurore Boreale 203 AB
- Crystal Light Chrome NEW! 001 LTCH
- Crystal Silver Night 001 SINI
- Jet Nut*** 280 NUT
- Crystal Cosmojet* 001 COS
- Jet Hematite**/*** 280 HEM

Crystal Lacquer PRO Effects NEW!

- Crystal Powder Yellow 001 L101
- Crystal Powder Rose 001 L103
- Crystal Powder Blue 001 L104
- Crystal Powder Green 001 L102

Classic Colors
Exclusive Colors

© 2015 D. Swarovski Distribution GmbH

SWAROVSKI.COM/PROFESSIONAL

カラーバリエーションが豊富な点もクリスタルストーンの魅力のひとつです。同系色の組み合わせから、グラデーションまで豊富なカラーのなかからさまざまなデザインをつくっていくことができます。ベースのカラーとの相性や、質感が違うものの組み合わせ、流行カラーのとり入れ方などを身につけてアートづくりに役立てていきましょう。

Salon Design

サロンデザイン

サロンワークで人気のある代表的なデザインをとり上げます。
長持ちさせる塗布法はもちろん、
お客さまが望むイメージに仕上げるデザインのコツを伝授します。

French

[フレンチ]

フレンチは振り幅の大きいデザインです。フリーエッジが真っ白なものから乳白色に塗るナチュラルルック、お客さまに好きな色を選んでいただけるカラーフレンチもあります。左右対称に仕上げることがポイントになります。

001
how to make a french nail

サロンワークではベッドカラーの設定が重要です。フレンチを選ぶお客さまはナチュラル志向の方が多く、なじみやすい色が受け入れられます。爪の色や形にコンプレックスがある方にはカバーできる色を設定しましょう。

フレンチでお客さまが必ずというほど気にするのが左右対称かどうかです。また、フレンチの幅が端から端まで塗られているかどうかを気にされます。左右対称、かつ、均等な厚みに仕上げることが重要です。

ポリッシュが先端に溜まらないように塗布します。ベッドとフリーエッジとの厚みに差が出ないように塗ることが重要です。先端に溜まりがあると、剥がれやすくなるので持ちが悪くなります。

Reverse French

[逆フレンチ]

根元に透明感があるデザインです。デザインの持ちが良く、お客さま自身でメンテナンスがしやすいため、サロンの人気メニューのひとつになっています。

002
how to make a reverse french nail

ラインのつくり方は、写真のように爪全体に塗ってからラインの部分だけ拭きとるバックワイプというテクニックと、アンギュラという筆でラインを描くテクニックの2つがあります。どちらにするかは自分の得手不得手で選びましょう。

アンギュラタイプの筆でラインを描きます。描いているつもりでのっているジェルをえぐっていたり、逆に量が多すぎて爪の先端に溜めたりしないように、爪の先端へ向かうにつれてジェルの量を減らし、薄く引きましょう。

ホログラムをライン上にのせると華やかになります。ホログラムはフラットになるのではがれる心配が少ないのです。根元部分のアーチが強い方に、大きいサイズのホログラムを使うと端が浮きやすいので小さいものをフラットにつけましょう。

Multi color
[マルチカラー]

マルチカラーはガーリー×クールなどイメージの違う色の掛け合わせが面白いデザインです。全体のイメージをどちらでまとめるかは、最後のデコレーションの色選びと形選びで決定します。

003
how to make a multi color nail

アクセントを薬指に希望されるお客さまは多いですが、人差し指でも個性が出ます。例えば指輪をどの指にはめるかといった感覚でポイントカラーを決めると、お客さまに提案しやすいでしょう。

厚みを均等に仕上げることが大切です。クリームタイプは厚くなりやすく、パールは薄くなりがちなので注意します。均等な厚みは、美しい色をつくり上げる基本でもあります。

ポイントカラーの指にデコレーションをするとインパクトが出ます。丸いストーンはやさしい印象になり、四角いストーンは全体がシャープな雰囲気になります。最後にのせるストーンでお客さまの求めるイメージにまとめます。

Blocking
[ブロッキング]

スポーティーな印象になりがちなデザインですが、ブロッキングする位置次第でエレガントに見せることもできます。お客さまの選んだ色が浮いて見える場合は、肌の色に合わせた差し色を提案しましょう。

004
how to make a blocking nail

爪の先端とキューティクルの根元に、対角線上にブロックを配置すると、爪が長く細く見えます。そうすると、しなやかで流れるような女性らしいデザインとなり、失敗しません。お客さまが選んだメインカラーに対してどう配色するかもポイントです。

お客さまの選んだ色が肌になじみくいカラーの場合、ラインに差し色としてゴールドかシルバーを使います。ゴールドは黄色みの肌のお客さまに、シルバーはピンク色系の肌のお客さまにマッチングしやすくなります。

ストーンの形は全体の印象をつくります。ブロッキングはもともと四角い塗り分けがマニッシュなイメージなので、スクエアのストーンならイメージは変わりませんが、丸いストーンを置くとやさしい雰囲気が加わります。

Marble

[マーブル]

マーブルは部分的に下地が透けて見えるのが特徴的なデザインです。ジェルは下地に工夫を施しやすいのでマーブルに適しています。時短も可能なデザインなのでサロンワークにぴったりです。

005
how to make a marble nail

マーブルは下地づくりが肝心です。ジェルに限る手法ですが、質感の違うパールホワイトとクリアのホログラムを掛け合わせてベースをつくります。クリアベースで軽く見せることが多いですが、異なる質感を掛け合わせると個性が出せます。

マーブリングするカラーを選びます。キューティクルラインから先端まで対角線上に斜めに流れるようにイメージし、必要なカラーを置いていきます。面積が大きい色がメインカラーになります。配分を考えながら置きましょう。

指を長くエレガントに見せるために、斜めにマーブリングします。同時に筆で透ける部分をつくっていきます。マーブルのパターンは、練習をすれば速くできるようになります。サロンワークで時短できるメニューのひとつです。

Gradation
[グラデーション]

※スマイルラインを意識してデザインすると美しく仕上がります。ベースとカラーの境目にデコレーションを施してデザインの幅を広げましょう。

※スマイルラインは付け爪などにイエローラインを模して描いた線のことです。

006
how to make a gradation nail

最初にジェルを多くとり過ぎないようにしましょう。爪の先端だけが厚くなり、はがれやすくなってしまいます。グラデーションは薄く何回かに分けて重ね、出したい色をつくります。

グラデーションのイメージを十指で揃えるため、スマイルラインを同一の曲線で描きましょう。スマイルラインが真横に一直線になると爪が短く見えバランスが悪くなります。等しく曲線を描けるようになるまで練習しましょう。

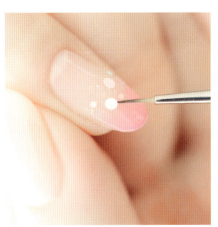

カラーとベースの境目にホログラムやラメでアクセントをつけるとデザインが広がります。ナチュラルなデザインにはクリアベースのホログラムがなじみ、インパクトをつけたいならシルバーやゴールドが適しています。

CREATION

クリエイション

これまでサロンワークに必要なテクニックとデザインを解説しました。
本章ではこれまでの知識と技術を用いたアート性の高いクリエイティブデザインを紹介します。
サロンワークでのデザインづくりに役立ててください。

index
コラム—98, リュクス—100, グラムール—104, マスキュリン—108, ガーリー—112, インスパイア—116, スペシャリティ—120

SPARKLE NAIL

COLUMN 04

　1932年、現在でいうポリッシュ、いわゆるマニキュアが世界にデビュー。

　1970年代、アメリカ・ハリウッドで歯科材料であるレジンが転用され誕生したスカルプチュアネイルがブレイク。

　1980年代、日本でさまざまなファッション誌、情報誌が次々に創刊されるなか、ネイルサロンもその情報と共に続々とオープン。

　2000年代、ソークオフジェルが定着。

　2014年、スーパーポリッシュが世の中にデビュー。

　ポリッシュが生まれて以来、82年の年月を経て、スーパーポリッシュのデビューによりネイルがまた、次のステージへ向かっているようです。

　さまざまなコスメが世の中に現れる時、それは技術者に新しい技術が必要とされる時でもあります。また、その逆も。技術の見直しが必要とされる時でもあるのです。

　今、まさにサロンネイルが見直される時では…。

　私たち技術者は、自分の扱う材料や化粧品に対して、もっと深い理解が必要です。その理解が、お客さまへの信頼につながり、提案力にもつながります。自信のあるサロンワークは揺るがない知識と技術の上に成り立ちます。それは私たちネイリスト自身が1番気づいているはず。もっと貪欲なほど学び、身につけ、活用しましょう。

　知識と技術はネイリストひとりひとりの力なのです。

　本物のプロへ向かってGOです！

CREATION

creation

Luxe
［リュクス］

リュクスを表現するにふさわしい深い奥行きは、アクリルとジェルとのミックスで生み出しました。ホログラムとラメでさらに深みを出し、乳白色と淡いオパールピンク、そしてゴールドのカラーで女性の華やかさとあでやかさを表現します。爪の造形といわれるアクリルは手もとを美しく見せ、ジェルにしか出せないゴールドのメタリック感が強い印象を残します。

luxe

CHIHIRO ODA

Glamour
[グラムール]

思わず引き込まれる魅惑的な色みは、ジェルで奥行きをつくることで表現しています。ただ1色を単層に塗布するだけでなく、一層塗った後にさらに深く濃い色でまわりを囲むと、グラデーションの効果で深い奥行きを生み出すことができます。

glamour

Masculine
[マスキュリン]

力強い漆黒に、ホログラムとマットコートで異質感を与えてメリハリをつけます。十指のまとまりを求めず、あえて離脱させるように1本1本を主役として立たせました。男性的なイメージを出すために鋭いラインと角張ったストーンをチョイスし全体的に直線的な仕上がりにしています。

masculine

CREATION

HIROTO YOSHIDA

Masculine gallery

マスキュリンとは男性らしさ、力強さのこと。黒や青など寒色系カラーの作品を集めたコレクションです。

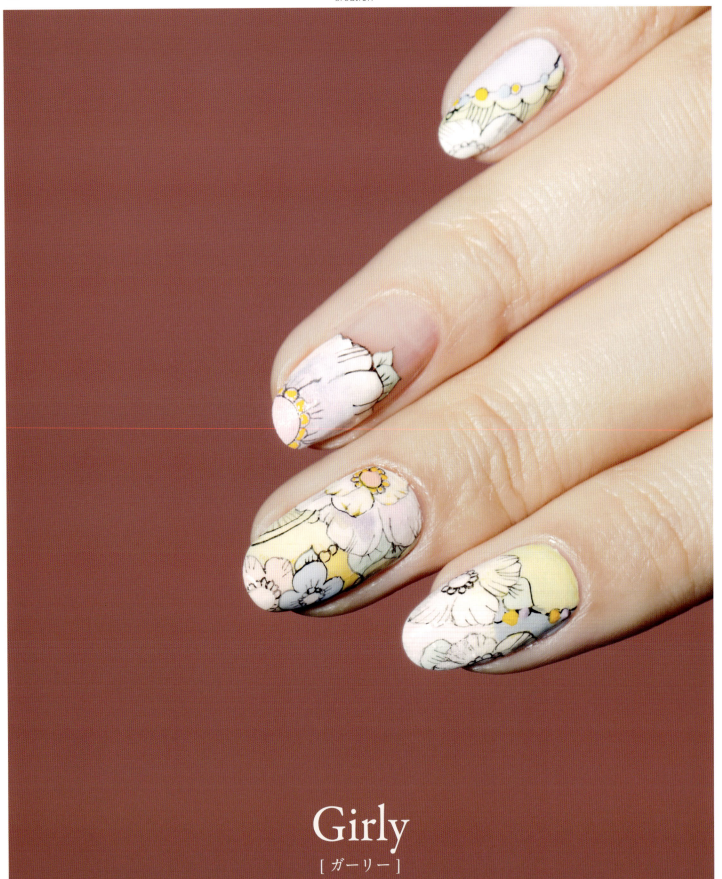

Girly
[ガーリー]

やさしいパステル調の組み合わせに白色を差し入れて、かわいらしさと瑞々しさを漂わせました。ポリッシュは一切使わず、全体的にやわらかい印象を出すために絵の具を使い、スポンジでたたくようにカラーリングしています。デザインを引き締めるために、最後に黒のラインで繊細なアートを施します。

girly

CREATION

HIROTO YOSHIDA

Girly gallery

少女のような雰囲気を残しながら大人の女性でも楽しめるかわいらしさをデザインしたコレクションです。

Inspire
[インスパイア]

一瞬で目を奪われる刺激的なスティレッドというシェープ、濃淡で生み出したメリハリ、ホールをあけたデザイン、妖艶な花、センセーショナルなマルサラ（赤紫系）とメタリックを配したカラー展開、インスパイアの世界観をすべてジェルでつくり出しました。ジェルは自由自在に操れるのでクリエイティブデザインに最適な素材です。

Speciality
[スペシャリティ]

ネイリストの技術のなかで「最高峰」とされるイクステンションは、いかにつくるかを競い合う技術です。まさにプロフェッショナルの極みといえます。アクリルを素材に、真っ白なフリーエッジとナチュラルカラーだけで成立させたシンプルながら至極のバランスを誇るフレンチスカルプチュアです。

SPECIAL THANKS TO

株式会社内海

オーピーアイジャパン株式会社

Calgel／株式会社MOGA・BROOK

株式会社シンワコーポレーション

スワロフスキージャパン株式会社

タカラベルモント株式会社

滝川株式会社

株式会社TAT

株式会社ネイルズユニークオブジャパン

株式会社ネイルラボ

株式会社ノエビア

株式会社ヒカリ

レブロン株式会社

50音順

著者
木下美穂里

木下ユミ・メークアップ&ネイル アトリエ校長。ラ・クローヌネイルサロン代表。NPO法人日本ネイリスト協会理事、公益財団法人日本ネイリスト検定試験センター相談役。日本の映像メークアップ&ネイルのパイオニア・ビューティクリエイターとして日本のネイル業界を牽引している。

THE SALON NAIL
ザ・サロンネイル

	2015年5月25日初版発行
定価	3,800円＋税
著者	木下美穂里
発行人	寺口昇孝
ファッションモデル	我妻マリ（IPSILON）
クリエイティブスタッフ	小田千裕　GENKI　吉田予六占
テクニカルアドバイザー	伊藤朋子
スタッフ	奥谷みどり　酒井貴久子　大川貴美代　﨑田恵里
アート制作	坂井由紀子　大橋邦世　内山真理恵　西塚良恵　田村令子　三和田恵　津和野朋子 岩川貴乃　岩川まり子　ロイ尚子　岩井理沙　五十嵐香菜子　千葉真奈美 長田妙子　岩野直美　藤原ひかる　米田敦美　井上あさか　丸山ノエル
ブックデザイン	岩垣 有（codomo）、鈴木さとみ（codomo）
制作協力	西村 玲
発行所	株式会社女性モード社　www.j-mode.co.jp/ 〒161-0033 東京都新宿区下落合3-15-27 tel.03-3953-0111　fax.03-3953-0118 〒541-0043 大阪市中央区高麗橋1-5-14-603 tel.06-6222-5129　fax.06-6222-5357
	印刷・製本　三共グラフィック株式会社

©Mihori Kinoshita & JOSEI MODE SHA CO.,LTD.2015
Published by JOSEI MODE SHA Co.,LTD.
Printed in Japan　禁無断転載